生花の本質

生花は、従来の立花などの様式や手法の中から分合されて発生したもので、明治中期に生花正風体として完成しました。

基本は、真《しん》・副《そえ》・体《たい》の三つの役枝で構成され、草木の自然の性状や出生《しゅっしょう》、環境や花器、そして表現する目的と意図に沿っていけます。草は前、木は後ろに挿す約束と、七・五・三の力配分による不等辺三角形の比率を保ち、陰と陽で一つの世界を作るのが池坊の生花です。

七が真、五が副、三が体ですが、花材によって、変化することもあります。

生花の種類

一種生
二種生
三種生

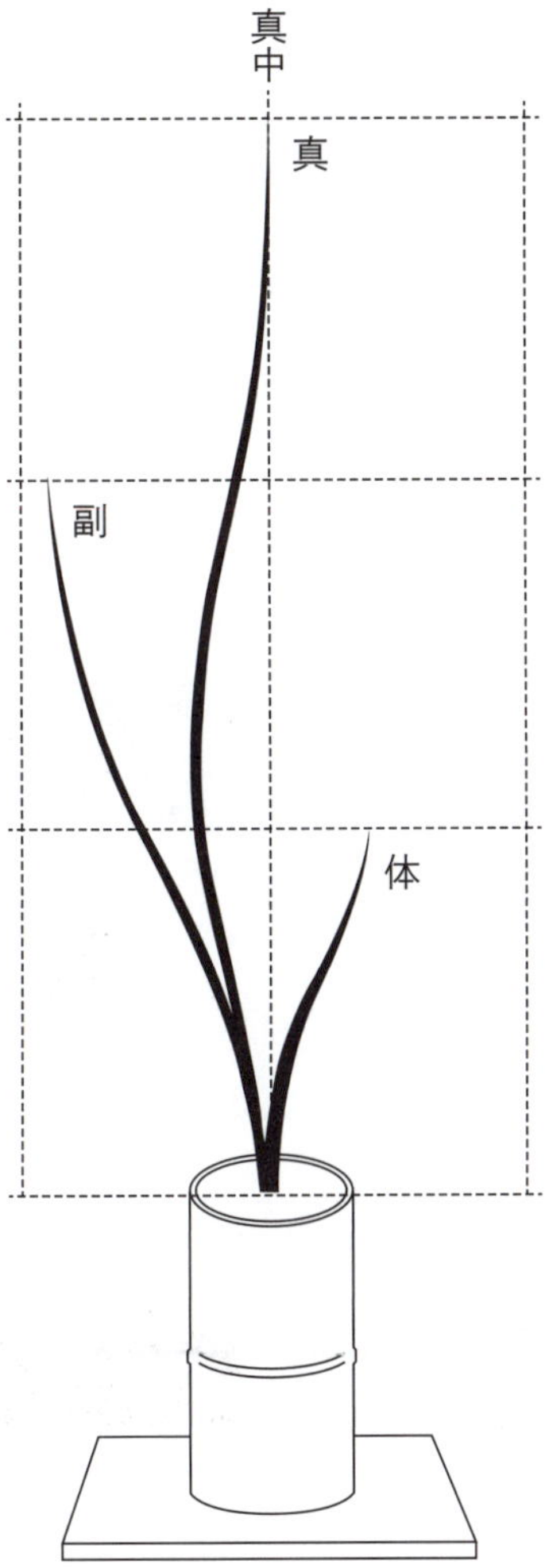

基本となる役枝の高さの目安

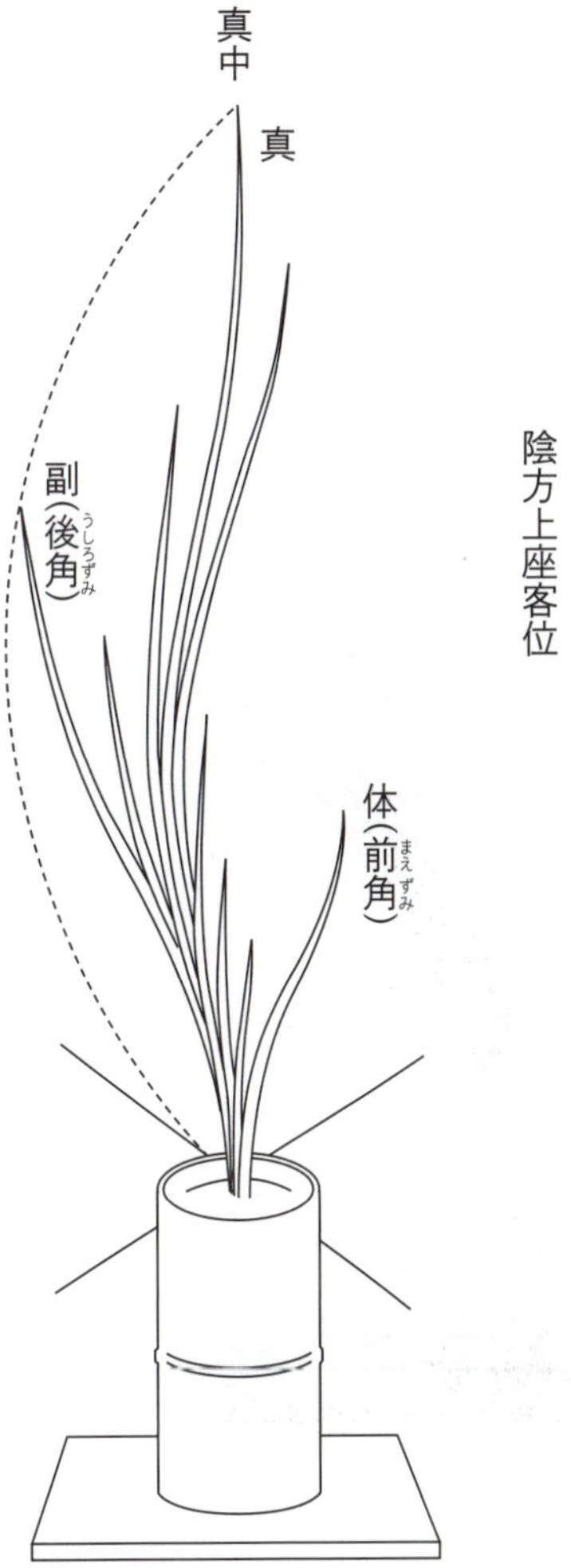

正風体 真の花形

生花の基本花形

真の花形

端正で動きの少ない静的な姿です。曲がりの少ない素直な性状の草木をいけるのにふさわしい花形です。

行の花形

静的なイメージの真の花形よりも、真の曲がりがやや深く、副と体が真に呼応して働くため、枝も動きがあり、緩やかな雰囲気を持ちます。

草の花形

行の花形よりもさらに動感があって、垂《た》れ物や蔓《つる》物など、動きのある性状の草木をいけるのに適した花形です。真・行の置き生《いけ》に対して、釣り、掛けなども含まれます。

真の花形

行の花形

草の花形

花器の真・行・草

真の花器

細長くて背が高い端正な形の花器。「寸胴《ずんどう》」「尊式《そんしき》」など。

行の花器

真の花器よりやや幅がある花器。広口の花器、「御玄猪《おげんちょ》」など。

草の花器

掛け花器、釣り花器、水盤、二重切、船など。

真の花器

行の花器

草の花器

花配りについて

現代では、剣山で花材を留めるのが一般的ですが、本来、留める道具は「花配り」（又木《またぎ》配り・井筒《いづつ》配り）を用います。

井筒配り

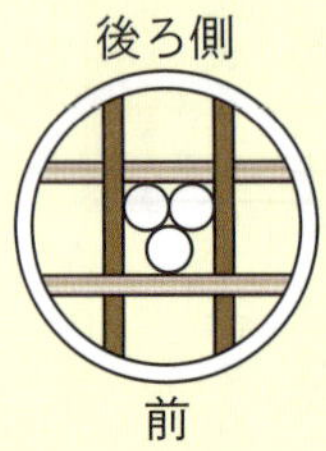

4本の枝を井の字形に組んで花材を留めます。

又木配り

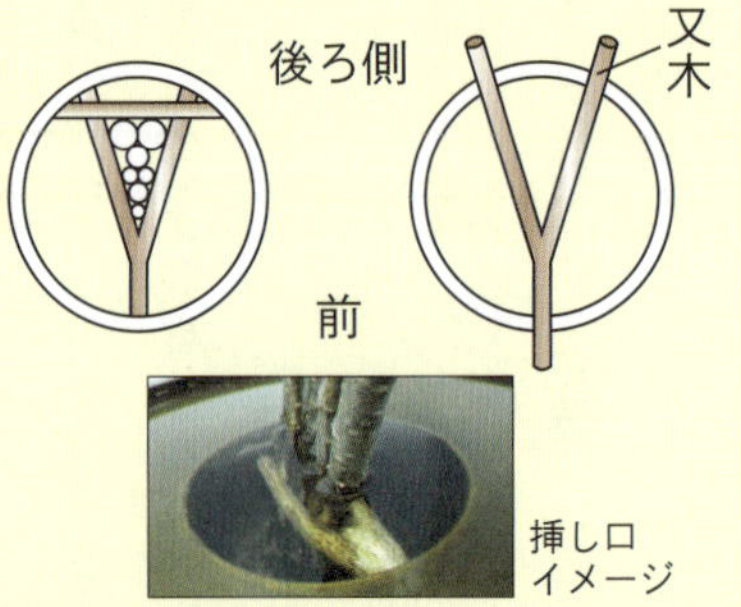

手順

又木配り

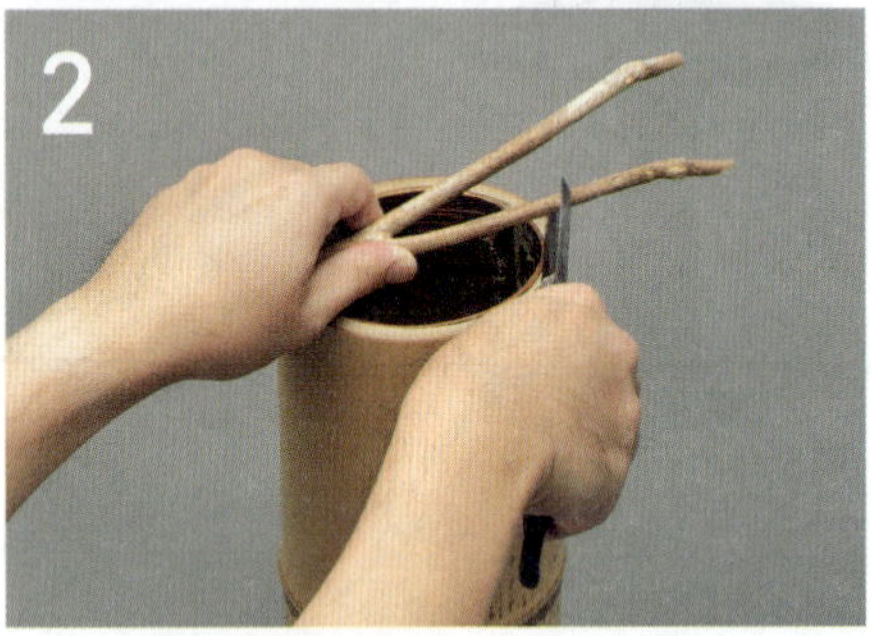

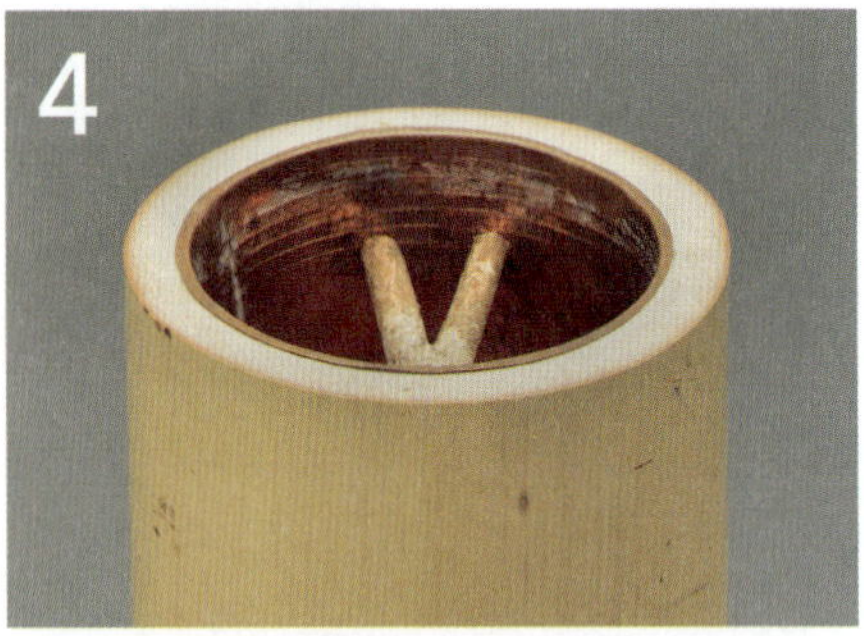

※6の写真は又木配りを見やすくするため、花材を省略しています。

生花の勝手と陰陽

床の間の外光を受けて明るい側（明かり方《かた》）を「陽」、その反対の暗い側を「陰」とし、花形の陰方・陽方を床の間の陰陽と合致するように飾ります。

本勝手

床が座敷に向かって右側に設けられ、外光が右方から入る場合

逆勝手

床が座敷に向かって左側に設けられ、外光が左方から入る場合

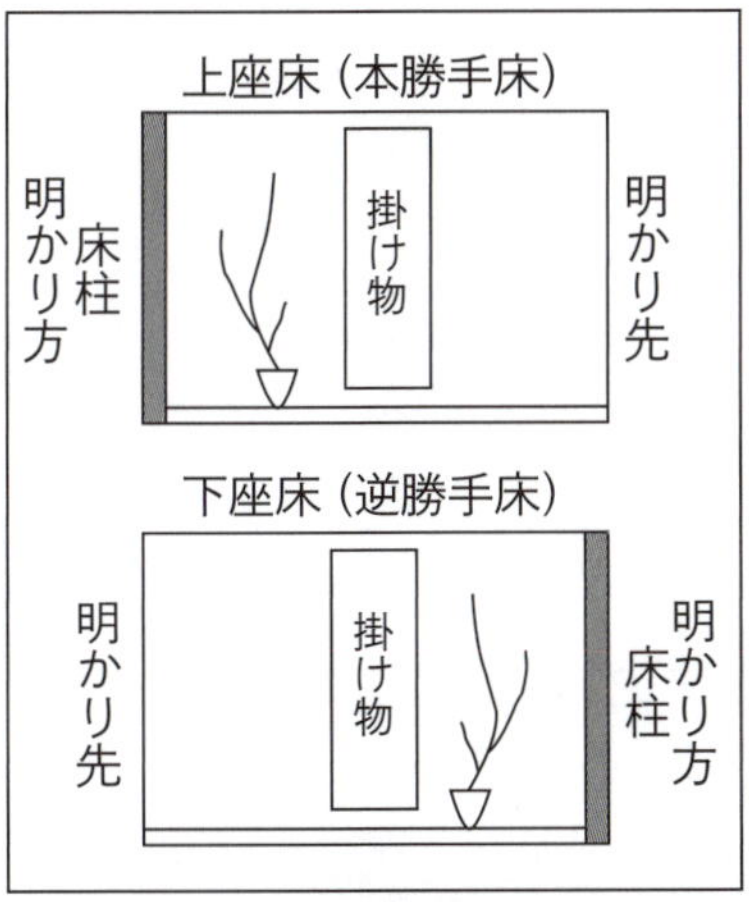

正面図

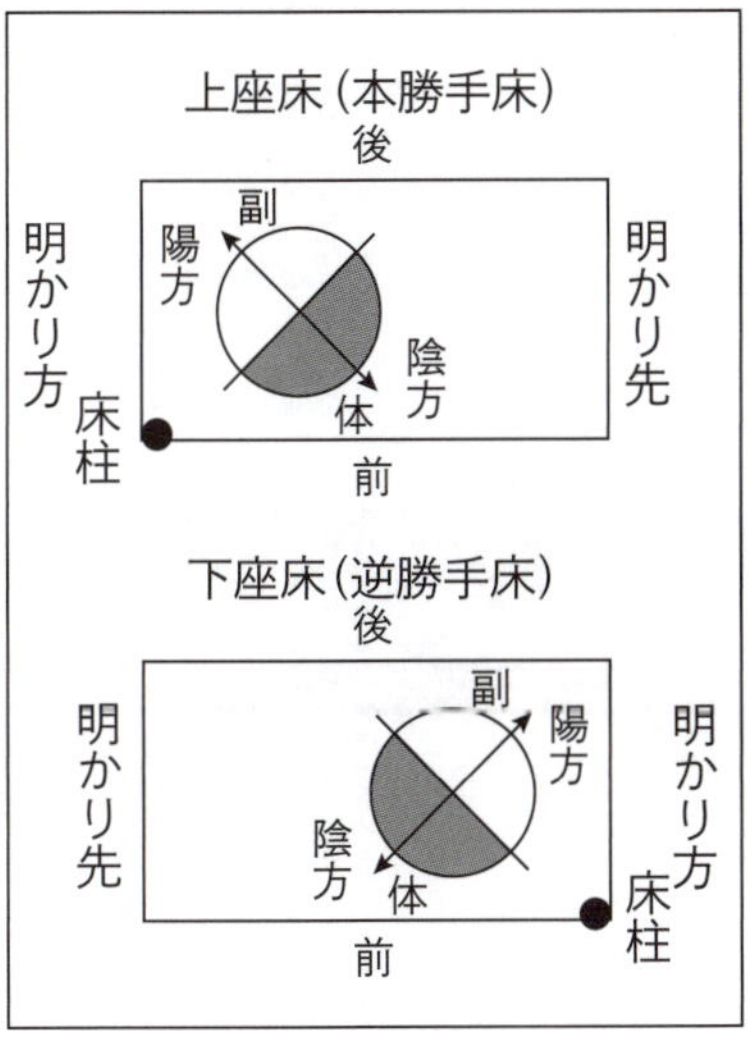

上からの図

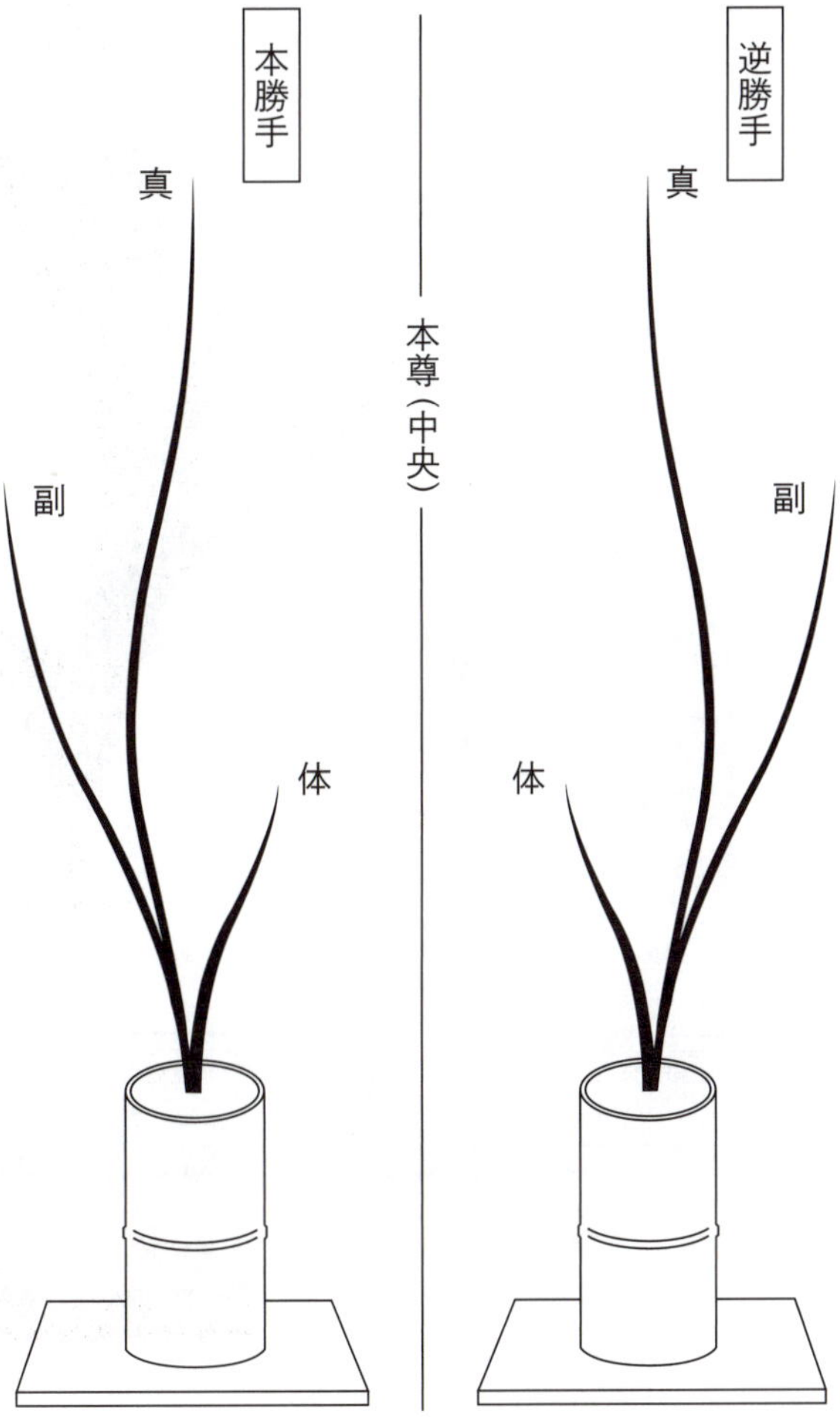

生花一種生

草木の自然と出生の美しさを特に大切にして、個々の植物の純粋美を追求しようとするもので、生花の基本的なものです。

作例① はらん 5枚

はらんを観察すると、中央の太い葉脈の右側が広いものと左側が広いものと2種類あることに気付きます。幅の広い方を陽、狭い方を陰として扱うことになっています。

真より前、真より後ろで葉の表裏は変わりますが、それに関係なく、葉脈の広い方を陽方に、狭い方を陰方にします。

5枚

教授者印	要　点	花　器	素　材	年　月　日

感　想

作例② はらん 7枚

真、真の前あしらい、体（真より前）は同じ側の幅が広い葉を、真の後ろあしらいと副（真より後）は同じ側の幅が広い葉を用います。そして、本勝手、逆勝手ともに陽方を広く、陰方を狭くなるように使用します。7枚の場合は、5枚の葉組みに体のあしらいと副のあしらいを加えます。

作例③ はらん 9枚

はらんは葉のみ3枚から15枚の奇数枚を用いていけ、葉の大きさはその用途に応じて選びます。例えば、体など、あしらいの葉は小さなものを選びましょう。体のあしらいの葉は、特に小さなものを選ばなければ水際に葉が出て乱れます。葉が特に広い場合は、縦に巻いて手でしごき、形を整えるとよいでしょう。

9枚

7枚

教授者印	要　点	花　器	素　材	
				年 月 日

感　想

作例④　菊　5本
作例⑤　菊　7本

菊は花はもちろん、葉も生命なので、勢いのよいものを選んでください。また、葉の付き方で強弱を付けるように、一枚一枚、気を配りましょう。撓《た》めが効きにくいので、それぞれの茎の曲がりを利用していけます。体先の花は中開きのものを使用するなど、作例に基づいて検討しながらいけてください。

7本

5本

教授者印	要　点	花　器	素　材	年　月　日

感　想

作例⑥　梅

梅は主幹から枝が直角に出ているので（枝の交差で小さな窓ができる場合があるが）男性的に厳しくいけるのが、梅らしくいける手法です。副は真の腰の下より真に添いつつ離れます。体の分かれより副の分かれの方が高くなることも生花の基本です。

作例⑦　桃

枝の出方がまろやかな桃は、その特徴を生かして、枝分かれに十分注意するとともに、小枝の付いたものを使用します。また、開花を体のあしらい部分にいけると、より美しく見えて効果的です。

梅

桃

教授者印	要　点	花　器	素　材	年　月　日

感　想

作例⑧　れんぎょう

れんぎょうは片垂《た》れ物で撓《た》めが効きにくいので注意し、花の付き方や幹の太さで変化を付けるよう、気を配りながらいけます。また、垂れ物の特徴を生かして、1カ所以上に垂れ枝を利用しましょう。

作例は、真の後ろのあしらいに、はずみのある垂れ枝を用いて動きを付けています。

教授者印	要　点	花　器	素　材	年　月　日

感　想

作例⑨　桜

桜は日本を代表する花で、山桜、染井吉野、彼岸桜、寒桜などの品種があります。桃に比べて一段と春らんまんの頃に咲くため、華やかにいけるのがコツです。

作例の彼岸桜は彼岸のころに咲く早咲きの桜です。山桜などとは違い、花もまばらで寂しさすら感じます。

教授者印	要　点	花　器	素　材	年 月 日

感　想

作例⑩ アガパンツス

真・副間の遠い花の類いで、花が葉の間から抜き出て咲く自然の性状を尊重し、葉より花を高く用います。

作例は、左の挿し口図のように、真と体に花を用いたものです。また、いける際には、陰葉を陽葉より1枚多くするとおさまりがよいでしょう。

挿し口図

作例⑪ アマリリス

アガパンツスのいけ方とよく似ていますが、アガパンツスが和合の中から花が出るのに対し、アマリリスは和合の外から花が出るのが出生です。

挿し口図

アガパンツス

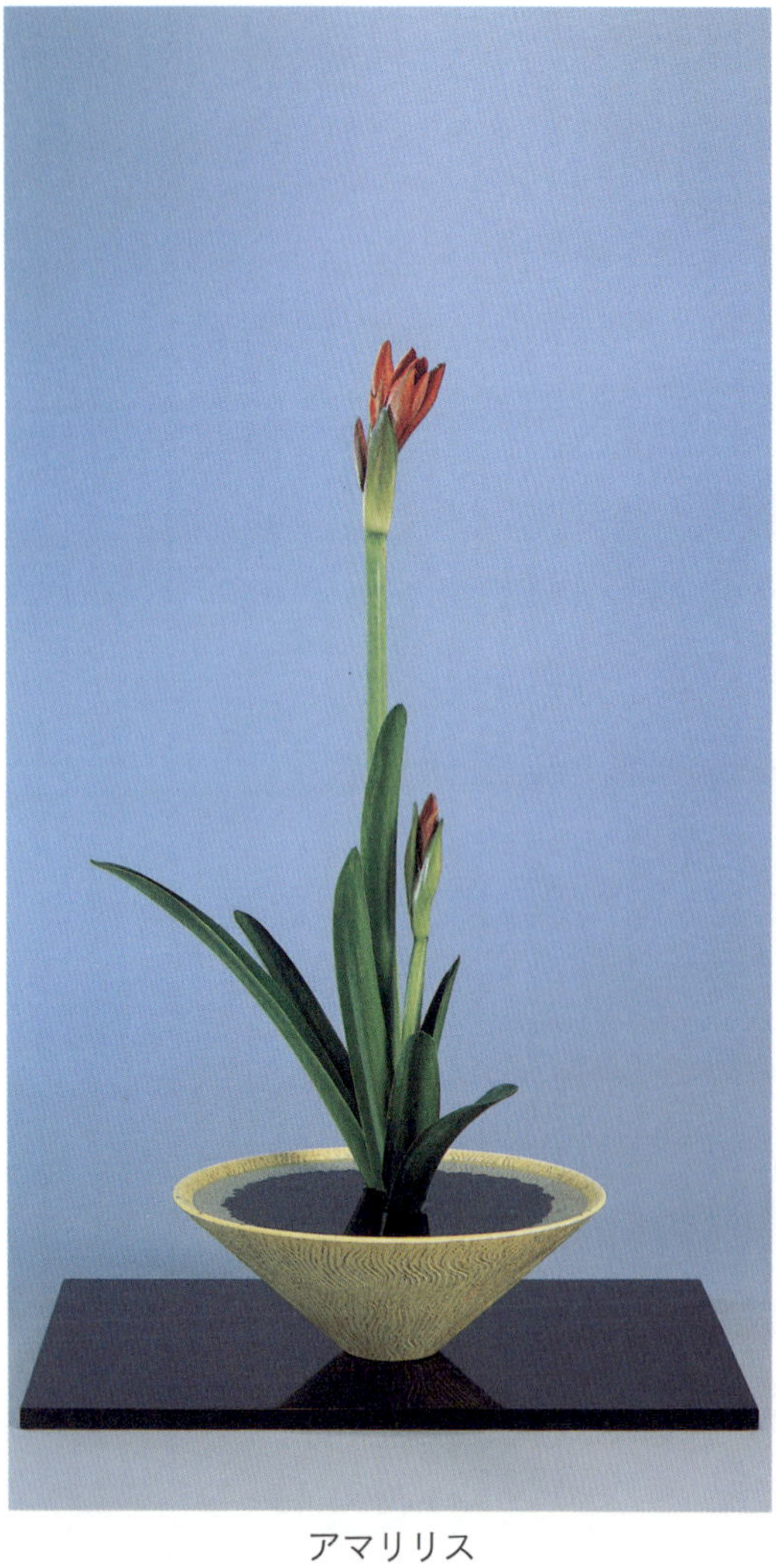

アマリリス

教授者印	要　点	花　器	素　材	年 月 日

感　想

作例⑫ チューリップ

チューリップは花色が豊富で、一重咲きや八重咲きなどがあります。一輪の立ち姿が美しく、多く入れるとその美しさが出ません。花一本一本と葉との調和を見ながらいけましょう。

また、チューリップは花丈が低く、通常の生花のような高さにはいけられません。そのことを踏まえた花器選びも大切です。

教授者印	要　点	花　器	素　材	年　月　日

感　想

作例⑬　えにしだ

えにしだは線の細い付き枝が多い素材のため、時間をかけて一枝一枝を丁寧にさばきましょう。

花もまんべんなく付けるのではなく、体のあしらい辺りを最も多くすると全体が引き締まるので、粗密や変化を付けるように心掛けてください。

教授者印	要　点	花　器	素　材	年　月　日

感　想

作例⑭　リアトリス

リアトリスは、一種生でその直《す》ぐやかな姿を利用し、真の花形にいけます。

生花店には丈の長いものが多いため、体には短く切った花首をいけがちですが、できるだけ丈の低い葉の茂ったものを使うとよいでしょう。

作例は、茎が細めのリアトリスをわずかに撓《た》め、真の花形に整えています。直ぐやかな性状を生かし、副は高めにいけています。

教授者印	要　点	花　器	素　材	
				年 月 日

感　想

作例⑮　グラジオラス

グラジオラスは、まっすぐ伸びる花茎の下方に剣状の葉が付きます。その出生を写して、花茎を高く、葉を低く扱っていけます。

作例は、中心線に沿うように花を入れ、副と体先を葉で構成することで、すっきりとした立ち姿にいけています。

教授者印	要　点	花　器	素　材	年　月　日

感　想

作例⑯　おみなえし

　秋の七草の一つで、その香りから「敗醤《はいしょう》」とも呼ばれます。黄色の小花が集まって咲く特徴を捉え、花の群落をうまく配置することが大切です。

　体に用いる花は、丈の短いものを選びます。丈の長いものを切って短くしたものは好ましくありません。これは、おみなえしに限らず一種生に共通して言えることです。葉は省略し過ぎないように気を付けましょう。

教授者印	要　点	花　器	素　材	年　月　日

感　想

作例⑰　鉄砲ゆり

清楚で気品に満ちたゆりは、生花のよい花材になります。葉のよく締まったものを選びましょう。なお、葉が交差して乱雑になりがちなので、十分整理します。開花の度合いもそれぞれ変化を付け、上下左右のバランスを考えて配置しましょう。

教授者印	要　点	花　器	素　材	年　月　日

感　想

IKENOBO ABC
生花一種生 編

平成 29 年 7 月 28 日　改訂　第 1 版第 1 刷発行

発行者　池坊雅史
発行所　株式会社日本華道社
編　集　日本華道社編集部
〒 604-8134
京都市中京区烏丸三条下ル 池坊内
電話　編集部 075（221）2687
　　　営業部 075（223）0613
撮　影　木村尚達
デザイン・制作　Seeds of Communication
印刷・製本　図書印刷株式会社

ISBN978-4-89088-120-8